EMG3-0158 J-POP
合唱楽譜＜J-POP＞ CHORUS PIECE

合唱で歌いたい！J-POPコーラスピース

混声3部合唱

道化師のソネット

作詞・作曲：さだまさし　合唱編曲：中澤健太朗

••• 曲目解説 •••

　日本を代表するシンガーソングライター、さだまさしが1980年にリリースしたシングル曲です。印象的なメロディーは多くの人の心をつかみ、映画の主題歌やCMソングなど様々な場面で使用されました。発表されてから時を経た今でも色褪せることのない、名曲中の名曲です。今回はこの清涼感漂う楽曲を、優しいピアノの音色にのせた合唱楽譜にアレンジ。勇気付けたい人に、そのメッセージを届けてください。

【この楽譜は、旧商品『道化師のソネット（混声3部合唱）』（品番：EME-C3003）とアレンジ内容に変更はありません。】

道化師のソネット

作詞・作曲：さだまさし　　合唱編曲：中澤健太朗

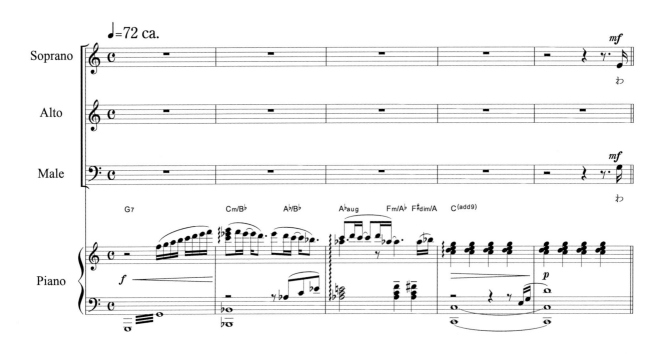

© 1980 by JAPAN CENTRAL MUSIC, LTD. &
Masashi Co., Ltd.

MEMO

道化師のソネット

作詞：さだまさし

笑ってよ　君のために
笑ってよ　僕のために
僕達は小さな舟(ふね)に
哀(かな)しみという　荷物を積んで
時の流れを下ってゆく
舟人(ふなびと)たちのようだね
君のその小さな手には
持ちきれない程の哀(かな)しみを
せめて笑顔が救うのなら
僕は道化師(ピエロ)になれるよ
笑ってよ　君のために
笑ってよ　僕のために
きっと誰もが
同じ河(かわ)のほとりを歩いている

僕等(ぼくら)は別々の山を
それぞれの高さ目指して
息もつがずに
登ってゆく　山(やま)びと達のようだね
君のその小さな腕に
支えきれない程の哀(かな)しみを
せめて笑顔が救うのなら
僕は道化師(ピエロ)になろう
笑ってよ　君のために
笑ってよ　僕のために
いつか真実(ほんとう)に
笑いながら話せる日がくるから

笑ってよ　君のために
笑ってよ　僕のために
笑ってよ　君のために
笑ってよ　僕のために

MEMO

MEMO

エレヴァートミュージックエンターテイメントはウィンズスコアが
展開する「合唱楽譜・器楽系楽譜」を中心とした専門レーベルです。

ご注文について

エレヴァートミュージックエンターテイメントの商品は全国の楽器店、ならびに書店にてお求めになれますが、店頭でのご購入が困難な場合、下記PC&モバイルサイト・FAX・電話からのご注文で、直接ご購入が可能です。

◎PCサイト&モバイルサイトでのご注文方法
　http://elevato-music.com
　上記のアドレスへアクセスし、WEBショップにてご注文ください。

◎FAXでのご注文方法
　FAX.03-6809-0594
　24時間、ご注文を承ります。上記PCサイトよりFAXご注文用紙をダウンロードし、
　印刷、ご記入の上ご送信ください。

◎お電話でのご注文方法
　TEL.0120-713-771
　営業時間内に電話いただければ、電話にてご注文を承ります。

※この出版物の全部または一部を権利者に無断で複製(コピー)することは、著作権の侵害にあたり、
　著作権法により罰せられます。

※造本には十分注意しておりますが、万一、落丁・乱丁などの不良品がありましたらお取り替えいたします。
　また、ご意見・ご感想もホームページより受け付けておりますので、お気軽にお問い合わせください。